GRANDES PERSONAJES EN LA HISTORIA DE LOS ESTADOS UNIDOS™

FRANCISCA ALVAREZ

EL ÁNGEL DE GOLIAD

TRACIE EGAN

TRADUCCIÓN AL ESPAÑOL:
EIDA DE LA VEGA

The Rosen Publishing Group, Inc.

Editorial Buenas Letras™

New York

Published in 2004 by The Rosen Publishing Group, Inc.
29 East 21st Street, New York, NY 10010

First Spanish Edition 2004
First English Edition 2004

Cataloging Data

Egan, Tracie.
[Francisca Alvarez. Spanish]
Francisca Alvarez: el ángel de Goliad / Tracie Egan.— 1st ed.
    p. cm. — (Grandes personajes en la historia de los Estados Unidos)
Includes bibliographical references (p.   ) and index.
Summary: Profiles a Mexican woman who saved more than twenty Texan rebels taken prisoner during the Texas Revolution from being shot under General Santa Anna's orders.
ISBN 0-8239-4133-7 (library binding)
ISBN 0-8239-4227-9 (pbk.)
6-pack ISBN 0-8239-7590-8
1. Alvarez, Francisca—Juvenile literature. 2. Goliad Massacre, Goliad, Tex., 1836—Juvenile literature. 3. Women heroes—Texas—Goliad—Biography—Juvenile literature. 4. Women—Mexico—Biography—Juvenile literature.
[1. Alvarez, Francisca. 2. Goliad Massacre, Goliad, Tex., 1836. 3. Women heroes. 4. Mexicans—Texas. 5. Women—Biography. 6. Texas—History—Revolution, 1835-1836. 7. Spanish language materials.] I. Title: Francisca Alvarez. II. Title. III. Series. Primary sources of famous people in American history. Spanish.
F390.A35E35 2003
976.4'03—dc21

Manufactured in the United States of America

Photo credits: cover, p. 5 (top) courtesy of Mission Espiritu Santo, Goliad State Park, Texas Parks and Wildlife Department, photos by Dallas Hoppestad; p. 4 © SuperStock, Inc.; pp. 5 (bottom), 10, 27, 28 Presidio La Bahia, Goliad, Texas, photos by Dallas Hoppestad; pp. 7, 11 Library of Congress Geography and Map Division; pp. 9, 13, 18, 21, 23, 25 courtesy of the Texas State Library and Archives Commission; p. 20 courtesy of Fannin Battle Ground SHS, Texas Parks and Wildlife Department, photo by Dallas Hoppestad; p. 14 © The Rosen Publishing Group; p. 15 Broadsides Collection, Earl Vandale Collection, Center for American History, University of Texas at Austin; p. 16 Institute for Texan Culture at UTSA, No. 76-27; p. 17 Print Collection, Miriam and Ira D. Wallach Division of Art, Prints and Photographs, the New York Public Library, Astor, Lenox, and Tilden Foundations; pp. 19, 29 Dallas Historical Society; p. 22 Library of Congress Prints and Photograph Division, HABS, TEX, 88-GOLI,   4-1; p. 26 photo by Dallas Hoppestad.

Designer: Thomas Forget; Photo Researcher: Rebecca Anguin-Cohen

CONTENIDO

1 ESPOSA DEL CAPITÁN TELESFORO ALVAREZ

Francisca Alvarez fue una mexicana considerada heroína en Estados Unidos. Ella ayudó a salvar las vidas de más de 20 texanos durante la Masacre de Goliad. Por este motivo, es conocida como el Ángel de Goliad.

No se sabe cuándo y en qué lugar de México nació Francisca. La historia de su familia y de su infancia también son un misterio. En algún momento empezaron a llamarle Panchita.

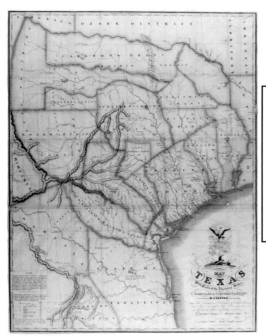

Un mapa de Texas preparado en 1837 por Stephen Austin que destaca extensiones de terreno otorgadas a los colonos. En esa época, habitaban allí 14,000 familias.

Arriba, el mural de Misión La Bahía, una pequeña iglesia cerca de Goliad, Texas, que describe la Masacre de Goliad. Debajo, una pintura que representa unos soldados mexicanos vigilando cautivos estadounidenses a la entrada de la misión.

Entre 1834 y 1835, cuando Francisca debía de tener alrededor de 20 años, se convirtió en la compañera del capitán Telesforo Alvarez. Francisca y Alvarez vivían como si estuvieran casados. Aunque no existe ningún registro de matrimonio legal, Francisca era conocida como la esposa de Alvarez.

UNA MISTERIOSA HEROÍNA

El nombre del Ángel de Goliad se ha registrado de muy diferentes maneras: Francita, Francisca, Panchita o Pancheta; y su apellido: Alavéz, Alvarez o Alavesco. Su verdadero apellido y lugar de nacimiento son desconocidos.

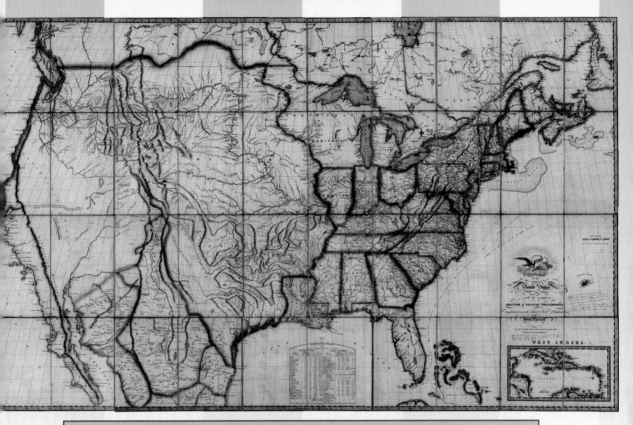

Un mapa de Estados Unidos dibujado por John Melish en 1816. A medida que los estadounidenses emigraban hacia el oeste, empezaron a codiciar los territorios españoles. México se independizó de España en 1810.

El capitán Alvarez fue uno de los jefes de las fuerzas mexicanas durante la Revolución Texana. El capitán Alvarez nació alrededor de 1803. Era natural de la ciudad mexicana de Toluca. Su esposa legítima era María Agustina de Pozo a la que abandonó con dos hijos pequeños, en 1834.

¿SABÍAS QUE...?

Antonio López de Santa Anna fue elegido presidente de México en 1833, pero pronto rechazó la constitución mexicana y se convirtió en un dictador. Sus acciones impulsaron a los norteamericanos que vivían en Texas a luchar por su independencia.

La bandera de la república independiente de Texas, diseñada en 1839. Bajo esta bandera, los texanos defendieron el Alamo.

Francisca siguió al capitán Alvarez por México y el sur de Texas mientras él cumplía con sus deberes militares. Viajaron por Copano Bay, Goliad, Victoria y Matamoros. Ella se hizo famosa por ayudar a los prisioneros texanos capturados por el ejército mexicano.

El patio del presidio La Bahía, donde los hombres del teniente Fannin estuvieron detenidos antes de la ejecución.

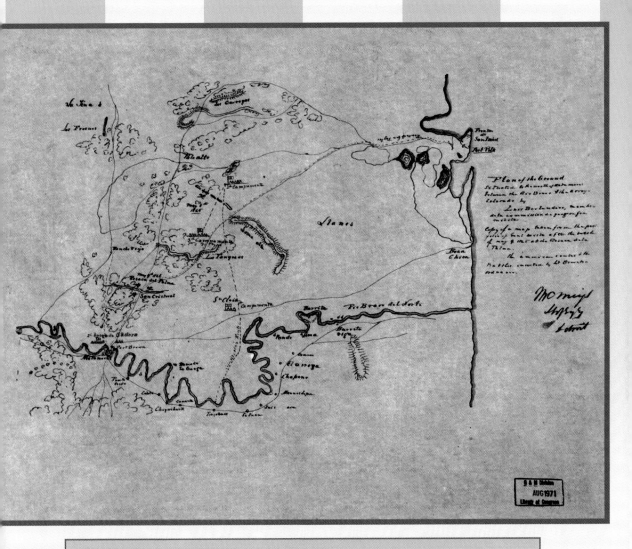

Una copia de un mapa incautado a un general mexicano que muestra las rutas seguidas por los norteamericanos y que condujeron a la captura de las tropas del teniente Fannin.

La Masacre de Goliad es uno de los acontecimientos más famosos de la Revolución Texana. El general Antonio López de Santa Anna pidió al Congreso mexicano que aprobara un decreto según el cual todos los extranjeros que se alzaran contra México y fueran tomados prisioneros, deberían ser pasados por las armas. Este decreto fue aprobado.

Los texanos usaban esta bandera que dice "ven y tómala" para desafiar a los mexicanos a que tomaran sus tierras.

UNANIMOUS

DECLARATION OF INDEPENDENCE,

BY THE

DELEGATES OF THE PEOPLE OF TEXAS,

IN GENERAL CONVENTION,

AT THE TOWN OF WASHINGTON,

ON THE SECOND DAY OF MARCH, 1836.

WHEN a government has ceased to protect the lives, liberty, and property of the people, from whom its legitimate powers are derived, and for the advancement of whose happiness it was instituted; and so far from being a guarantee for their inestimable and inalienable rights, becomes an instrument in the hands of evil rulers for their oppression. When the Federal Republican Constitution of their country, which they have sworn to support, no longer has a substantial existence, and the whole nature of their government has been forcibly changed, without their consent, from a restricted Federative Republic, composed of Sovereign States, to a consolidated Central Military despotism, in which every interest is disregarded but that of the army and the priesthood, both the eternal enemies of civil liberty, the ever ready minions of power, and the usual instruments of tyrants. When, long after the spirit of the constitution has departed, moderation is at length so far lost by those in power, that even the semblance of freedom is removed, and the forms themselves of the constitution discontinued, and so far from their petitions and remonstrances being regarded, the agents who bear them are thrown into dungeons, and mercenary armies sent forth to force a new government upon them at the point of the bayonet.

When, in consequence of such acts of malfeasance and abduction on the part of the government, anarchy prevails and civil society is dissolved into its original elements. In such a crisis, the first law of nature, the right of self preservation, the inherent and inalienable right of the people to appeal to first principles, and take their political affairs into their own hands in extreme cases, enjoins it as a right towards themselves and a sacred obligation to their posterity to abolish such government, and create another in its stead, calculated to rescue them from impending dangers, and to secure their welfare and happiness.

Nations, as well as individuals, are amenable for their acts to the public opinion of mankind. A statement of a part of our grievances is therefore submitted to an impartial world, in justification of the hazardous but unavoidable step now taken, of severing our political connection with the Mexican people, and assuming an independent attitude among the nations of the earth.

The Mexican Government, by its colonization laws, invited and induced the Anglo American population of Texas to colonize its wilderness under the pledged faith of a written constitution, that they should continue to enjoy that constitutional liberty and republican government to which they had been habituated in the land of their birth, the United States of America.

In this expectation they have been cruelly disappointed, inasmuch as the Mexican nation has acquiesced in the late changes made in the government by General Antonio Lopez Santa Ana, who having overturned the constitution of his country, now offers, as the cruel alternative, either to abandon our homes acquired by so many privations, or submit to the most intolerable of all tyranny, the combined despotism of the sword and the priesthood.

It hath sacrificed our welfare to the state of Coahuila, by which our interests have been continually depressed through a jealous and partial course of legislation, carried on at a far distant seat of government, by a hostile majority in an unknown tongue, and this too, notwithstanding we have petitioned in the humblest terms for the establishment of a separate state government, and have, in accordance with the provisions of the national constitution, presented to the general congress a republican constitution, which was, without a just cause, contemptuously rejected.

It incarcerated in a dungeon, for a long time, one of our citizens, for no other cause but a zealous endeavour to procure the acceptance of our constitution and the establishment of a state government.

It has failed and refused to secure, on a firm basis, the right of trial by jury, that palladium of civil liberty and only safe guarantee for the life, liberty, and property of the citizen.

It has failed to establish any public system of education, although possessed of almost boundless resources, (the public domain,) and although it is an axiom in political science, that unless a people are educated and enlightened, it is idle to expect the continuance of civil liberty, or the capacity for self government.

It has suffered the military commandants, stationed among us, to exercise arbitrary acts of oppression and tyranny, thus trampling upon the most sacred rights of the citizen, and rendering the military superior to the civil power.

It has dissolved, by force of arms, the state congress of Coahuila and Texas, and obliged our representatives to fly for their lives from the seat of government, thus depriving us of the fundamental political right of representation.

It has demanded the surrender of a number of our citizens, and ordered military detachments to seize and carry them into the interior for trial, in contempt of the civil authorities, and in defiance of the laws and the constitution.

It has made piratical attacks upon our commerce, by commissioning foreign desperadoes, and authorizing them to seize our vessels, and convey the property of our citizens to far distant ports for confiscation.

It denies us the right of worshipping the Almighty according to the dictates of our own conscience, by the support of a National Religion, calculated to promote the temporal interest of its human functionaries, rather than the glory of the true and living God.

It has demanded us to deliver up our arms, which are essential to our defence, the rightful property of freemen—and formidable only to tyrannical governments.

It has invaded our country both by sea and by land, with the intent to lay waste our territory, and drive us from our homes; and has now a large mercenary army advancing, to carry on against us a war of extermination.

It has, through its emissaries, incited the merciless savage, with the tomahawk and scalping knife, to massacre the inhabitants of our defenceless frontiers.

It has been, during the whole time of our connection with it, the contemptible sport and victim of successive military revolutions, and hath continually exhibited every characteristic of a weak, corrupt, and tyrannical government.

These, and other grievances, were patiently borne by the people of Texas, until they reached that point at which forbearance ceases to be a virtue. We then took up arms in defence of the National Constitution. We appealed to our Mexican brethren for assistance; our appeal has been made in vain; though months have elapsed, no sympathetic response has yet been heard from the interior. We are therefore forced to the melancholy conclusion, that the Mexican people have acquiesced in the destruction of their liberty, and the substitution therefor of a military government; that they are unfit to be free, and incapable of self government.

The necessity of self preservation, therefore, now decrees our eternal political separation.

We, therefore, the delegates, with plenary powers, of the people of Texas, in solemn convention assembled, appealing to a candid world for the necessities of our condition, do hereby resolve and DECLARE, that our political connection with the Mexican nation has forever ended, and that the people of Texas, do now constitute a FREE, SOVEREIGN, and INDEPENDENT REPUBLIC, and are fully invested with all the rights and attributes which properly belong to independent nations; and, conscious of the rectitude of our intentions, we fearlessly and confidently commit the issue to the decision of the supreme Arbiter of the destinies of nations.

RICHARD ELLIS, President.

C. B. STEWART, THOMAS BARNETT,	Austin.	JOHN FISHER, MATT. CALDWELL,	Gonzales.	J. W. BUNTON, THOS. J. GAZELEY, R. M. COLEMAN,	Mina.	SYD. O. PENNINGTON, W. CAR'L CRAWFORD,	Shelby.
JAS. COLLINSWORTH, EDWIN WALLER, ASA BRIGHAM, J. S. D. BYROM,	Brazoria.	WILLIAM MOTLEY, L. DE ZAVALA,	Goliad. Harrisburgh.	ROBERT POTTER, THOMAS J. RUSK, CH. S. TAYLOR, JOHN S. ROBERTS,	Nacogdoches.	JAMES POWER, SAM. HOUSTON, DAVID THOMAS, EDWARD CONRAD,	Refugio.
FRANCISCO RUIS, ANTONIO NAVARO, JESSE B. BADGETT,	Bexar.	STEPH. H. EVERITT, GEORGE W. SMITH,	Jasper.			JOHN TURNER,	San Patricio.
WILLIAM D. LACY, WILLIAM MENIFEE,	Colorado.	ELIJAH STAPP, CLAIBORNE WEST, WILLIAM B. SCATES, M. B. MENARD,	Jackson. Jefferson. Liberty.	ROBERT HAMILTON, COLLIN McKINNEY, ALB. H. LATTIMER, MARTIN PARMER,	Red River.	B. BRIGGS GOODRICH, G. W. BARNETT, JAMES G. SWISHER, JESSE GRIMES,	Washington.

La Declaración de Independencia de Texas que data del 2 de marzo de 1836, declaraba a Texas una república libre e independiente.

Después de perder la batalla de Coleto Creek, al coronel texano James W. Fannin y a sus tropas se les habían acabado los alimentos, el agua y las municiones. No tenían más remedio que rendirse a las fuerzas mexicanas. El general José de Urrea aseguró que Fannin y sus hombres iban a ser tratados de manera civilizada como prisioneros de guerra.

Un retrato de Antonio López de Santa Anna, presidente de México y comandante en jefe de sus fuerzas armadas.

COSTUMES MEXICAINS.

Dragon. Troupe de Ligne.

Un dragón mexicano u oficial de caballería. Los uniformes y las armas que se muestran aquí ya estarán obsoletos para la época de la Guerra Civil.

Fannin y sus tropas, más de 300 hombres, entregaron sus armas y se rindieron. Cuando el general Santa Anna se enteró del acuerdo entre Urrea y Fannin, ordenó que se obedeciera el decreto del Congreso mexicano y pasara por las armas a las tropas de Fannin.

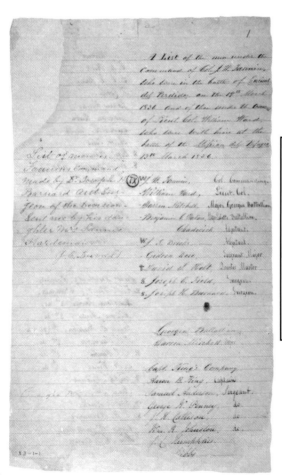

Una lista de los muertos durante la masacre de Goliad, compilada por el Dr. Joseph H. Barnard, quien también fue capturado en Goliad, pero al que se le perdonó la vida para que cuidara a los heridos.

Un retrato de James Walker Fannin Jr., comandante de los hombres masacrados en Goliad.

3   El ÁNGEL
DE GOLIAD

Cuando Francisca llegó a Goliad con el capitán Alvarez, los rebeldes texanos habían caido prisioneros. Les habían atado las muñecas con cuerdas muy apretadas. Les habían obligado a estar de pie durante horas, sin agua ni alimentos. El corazón de Francisca se apiadó de ellos.

El monumento que conmemora la Masacre de Goliad, localizado en el sitio histórico dedicado a la batalla de Fannin, en Texas.

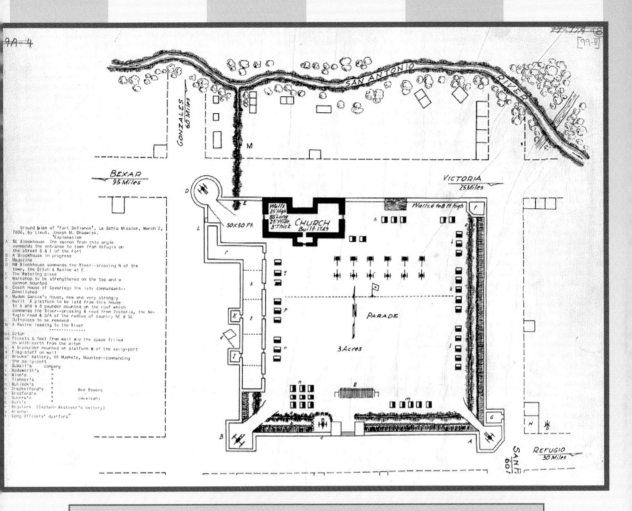

Un mapa de Misión La Bahía, donde Fannin y sus hombres
fueron llevados después de la derrota.

Francisca hizo que les quitaran las cuerdas que ataban sus muñecas. Se aseguró de que les dieran algo de beber. Los trató con bondad cuando nadie lo hizo. A la mañana siguiente, Francisca supo que los iban a matar. Rogó a los oficiales del ejercito que les perdonaran la vida a veinte doctores, intérpretes, enfermeros y mecánicos.

Misión La Bahía, donde tuvo lugar la Masacre de Goliad. Fannin y sus hombres fueron confinados aquí durante una semana antes de ser ejecutados.

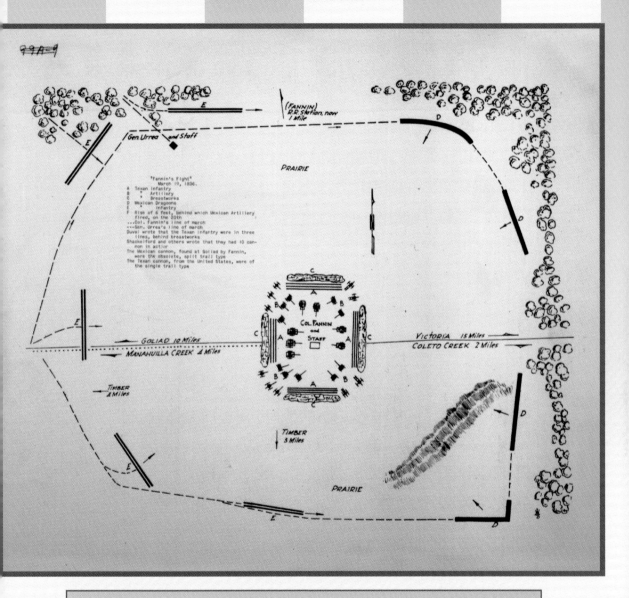

Un boceto de las fortificaciones que el coronel Fannin estableció en la batalla de Coleto Creek, antes de que se le acabaran las municiones y tuviera que rendirse.

En la mañana del 27 de marzo de 1836, los prisioneros fueron obligados a marchar fuera del pueblo. En un punto del camino, el grupo se detuvo. Los guardias dispararon a los prisioneros a quemarropa. Casi todos murieron enseguida. A los que no murieron, los persiguieron y los mataron a sangre fría.

EL NIÑO DEL TAMBOR

Benjamin F. Hughes fue uno de los texanos a los que Francisca Alvarez le salvó la vida en la Masacre de Goliad. Era un tamborilero de 15 años, y llegó a ser un prominente ciudadano de Dallas.

INV 2404

Statement of J. C. Duval.

Genl Santa Anna and Genl Urrs also
I have understood, after their return to
Mexico, in order to palliate their in-
human butchery of four hundred un-
armed prisoners at Goliad, asserted
"that Col Fannin and his men had
Surrendered "unconditionally."

(TX) I will state as briefly as possible
and to the best of my recollection what
occurred the morning after the battle
at the Coletto creek.

The morning after the battle of
Coletto creek, Col Fannin and his men
were surrounded on the open prairie
by an overwhelming force of the enemy
They had formed their line of battle, and
fired several rounds of grape and can-
nister from their artillery at our en-

3-23-1

La declaración preparada por John C. Duval, uno de los
sobrevivientes de la masacre, que describe la batalla y los
acontecimientos posteriores.

25

Francisca también escondió algunos otros prisioneros hasta que terminó el tiroteo. Los tejanos estaban tan agradecidos que la llamaron el Ángel de Goliad.

Después de la Masacre de Goliad, Francisca volvió a Ciudad México con el capitán Alvarez. Este la abandonó dejándola sin un centavo. Nunca más se oyó hablar de ella.

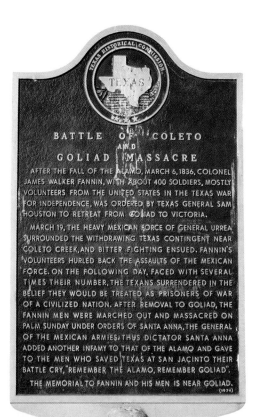

Esta placa señala el sitio de la Masacre de Goliad en lo que es ahora el sitio histórico dedicado a la batalla de Fannin.

Un busto de Francisca Alvarez del escultor
Hugo Villa, localizado en Presidio La Bahía

27

Francisca Alvarez pensaba que la gente no debía sufrir o ser tratada injustamente, sin importar a qué bando perteneciera.
En Texas existen monumentos dedicados a los hombres asesinados en Goliad. Aunque no exista un monumento a Francisca, el Ángel de Goliad, ella siempre será recordada por su bondad y valentía.

Un cañón de la era napoleónica, que disparaba proyectiles de hierro de doce libras, montado sobre una primitiva cureña de madera.

Los sobrevivientes de la Masacre de Goliad, sentados junto a la bandera de la República de Texas.

CRONOLOGÍA

1834-1835—Francisca Alvarez se convierte en la compañera del capitán Telesforo Alvarez.

30 de diciembre 1835—El Congreso mexicano aprueba una ley que dice que a todos los rebeldes que se alcen contra el gobierno mexicano deben ser ejecutados.

20 de marzo 1836—El coronel James W. Fannin se rinde.

27 de marzo, 1836—La Masacre de Goliad. Más de 300 texanos son pasados por las armas por el ejército mexicano. Se salvan más de 20 gracias a los esfuerzos de Francisca Alvarez.

Octubre de 1835—Comienza la Revolución Texana con la batalla de Gonzales.

19 marzo 1836—En la batalla de Coleto Creek mueren 7 texanos y 60 son heridos.

26 de marzo 1836—Francisca Alvarez descubre el maltrato a los prisioneros de guerra. Los hace desatar y alimentar.

21 de abril, 1836—Termina la Revolución Texana con la batalla de San Jacinto.

GLOSARIO

decreto (el) Una orden oficial.

intérprete (el, la) Alguien que traduce los significados de las palabras de una lengua a otra.

masacre (la) Cuando matan a mucha gente al mismo tiempo.

monumento (el) Una estatua o estructura dedicada a la memoria de una persona o de un grupo de personas.

pasar por las armas Ejecutar a una persona o soldado enemigo.

rebelde (el, la) Una persona que lucha contra la autoridad.

revolución (la) Cuando la gente decide derrocar un gobierno.

SITIOS WEB

Debido a las constantes modificaciones en los sitios de Internet, Rosen Publishing Group, Inc., ha desarrollado un listado de sitios Web relacionados con el tema de este libro. Este sitio se actualiza con regularidad. Por favor, usa este enlace para acceder a la lista:

http://www.rosenlinks.com/fpah/falv

LISTA DE FUENTES PRIMARIAS DE IMÁGENES

Página 4: Mapa de Texas preparado por Stephen Austin en 1837.
Página 5: (Arriba) Mural en la Misión Espíritu Santo, Goliad, Texas.
Página 7: Mapa de Estados Unidos dibujado por John Melish en 1816.
Página 9: Bandera de la República de Texas.
Página 11: Mapa tomado de General Arista, 1846, preparado por Luis Berlandier.
Página 16: Grabado de Santa Anna, del *Álbum Mejicano*, publicado por C.L. Prudhomme, 1843.
Página 17: Dragón mexicano, extraído de *Costumes Civils, Militaires, et Religieux du Mexique*, Bruselas, 1828, ahora en la Biblioteca Pública de Nueva York.
Página 18: La lista de los hombres de Fannin, elaborada por el Dr. Joseph H. Barnard.
Página 23: Boceto de las fortificaciones de Fannin.
Página 25: Declaración de John C. Duvall.
Página 29: Sobrevivientes de la Masacre de Goliad, de la Sociedad Histórica de Dallas.

ÍNDICE

ACERCA DEL AUTOR

Tracie Egan es escritora independiente. Vive en la ciudad de Nueva York.